LE SCANDALE
DU WATERGATE

—— L'affaire qui a fait tomber Nixon

par Quentin Convard

50MINUTES

Avec la collaboration de Pierre Frankignoulle

LE SCANDALE DU WATERGATE

- **Quand ?** Du 17 juin 1972 au 9 août 1974.
- **Où ?** À Washington DC.
- **Contexte ?** La réélection de Richard Nixon.
- **Protagonistes ?**
  - Richard Nixon, homme d'État américain (1913-1994).
  - Sam Ervin, homme politique américain (1896-1985).
- **Répercussions ?**
  - Crise de confiance des Américains à l'égard de la fonction présidentielle.
  - Remplacement de Nixon par Gerald Ford (1913-2006) à la Maison-Blanche.

Comment un vulgaire cambriolage peut-il entraîner deux ans plus tard la démission du président des États-Unis ? Entre roman policier et bataille législative et judiciaire, le scandale du Watergate voit se succéder entre 1972 et 1974 les révélations et les démissions de hauts fonctionnaires, avec en ligne de mire la folie paranoïaque et omnipotente de l'administration Nixon. En outre, il prouve que la démocratie américaine s'est construite sur des garde-fous et une presse libre, évitant les débordements qu'un président avide de pouvoir et de contrôle peut provoquer.

L'affaire du Watergate est pour les États-Unis l'un des événements majeurs de la seconde moitié du XXe siècle. Concomitant à la fin de la guerre du Viêt Nam (1954-1975) et à la crise économique qui s'annonce, ce scandale marque la fin d'une ère et fait entrer les États-Unis dans une période de doute.

LES ÉLECTIONS PRÉSIDENTIELLES

En 1972, se tiennent les élections présidentielles qui opposent le président sortant, Richard Nixon, au démocrate George McGovern (1922-2012). Élu en 1968, Nixon peut se vanter d'avoir apaisé les relations tendues avec l'URSS et contribué au redémarrage de l'économie ainsi qu'à l'envoi d'astronautes sur la Lune. Mais la sécurité et le contrôle l'obnubilent par-dessus tout. Ainsi, pendant son premier mandat, il ôte toute responsabilité au cabinet de la Maison-Blanche afin de mieux concentrer le pouvoir entre les mains de quelques collaborateurs en qui il a entièrement confiance, tels que Henry Kissinger (né en 1923), John Ehrlichman (1925-1999) et Robert Haldeman (1926-1993). Ce dernier, qui travaillait auparavant dans la publicité, aide le Californien à transformer la Maison-Blanche en un outil de communication permanent, le chef d'État étant obsédé par son image, par l'information et par la maîtrise de celle-ci.

Face au président sortant se trouve le sénateur démocrate du Dakota du Sud, George McGovern, farouche opposant à la guerre du Viêt Nam. Celui-ci prône l'instauration d'un revenu minimum et plaide pour mettre en place de meilleures relations avec Fidel Castro (homme d'État cubain, né en 1926). Considéré comme trop à gauche, le candidat démocrate n'est pas vraiment une sommité et ne doit par ailleurs son investiture qu'au désistement des deux ténors du parti, Edmund Muskie (1914-1996), le sénateur du Maine, et Edward « Ted » Kennedy (1932-2009). Le premier est victime d'un complot orchestré par le Parti républicain, qui a livré à la presse une lettre dans laquelle Edmund Muskie dénigrait les Franco-Canadiens. La lettre se révélera être un faux, mais sa réputation ne s'en relèvera jamais. Ted Kennedy, quant à lui, a quitté la campagne dès 1969, suite à l'accident de Chappaquiddick dont il est responsable et qui a provoqué la mort de sa collaboratrice. Par conséquent, les élections ne devraient être qu'une simple formalité pour Nixon.

UN VENT DE CONTESTATION

Le début des années soixante-dix est marqué aux États-Unis par différents mouvements contestataires. Les *Black Panthers* (mouvement révolutionnaire afro-américain) et les *Weathermen* (collectif américain antiraciste et anticapitaliste), pour ne citer qu'eux, font souffler un vent de frayeur sur les classes blanches bourgeoises de l'Amérique, frayeur qui vient s'ajouter à celle instaurée par les émeutes raciales de la seconde moitié des années soixante, annihilant au passage les avancées réalisées par le président Lyndon B. Johnson (1908-1973) en matière de droits civiques. Ce qui était une question centrale durant les années soixante devient secondaire après l'assassinat du leader pacifiste Martin Luther King (1929-1968) le 4 avril 1968, période pendant laquelle naissent des groupes d'action violents. Si les Américains n'ont pas connu Mai 68, tous ont la sensation et la conviction que la société doit évoluer vers plus d'égalité et qu'elle doit se recentrer sur les problèmes intérieurs, notamment en abandonnant, enfin, le conflit insoluble du Viêt Nam.

Lors des élections de 1968, le conflit vietnamien est donc au centre de tous les débats. Le leadership de Lyndon B. Johnson étant vivement critiqué, Richard Nixon n'a plus qu'à promettre de sortir rapidement de ce conflit, et ce dans l'honneur, pour convaincre l'électorat. Si le retrait des troupes américaines débute dès son élection, paradoxalement, les bombardements s'intensifient. De plus, les États-Unis envahissent le Cambodge le 29 avril 1970 sans l'accord préalable du Congrès. De nombreuses manifestations étudiantes, hostiles à la guerre, éclatent alors dans le pays. Certaines sont réprimées dans la violence ; toutes, pourtant, témoignent d'une volonté absolue de la part de la population de mettre fin au conflit, d'autant plus après l'affaire des Papiers du Pentagone.

LE POUVOIR DU *WASHINGTON POST*

Dès son entrée à la Maison-Blanche, Richard Nixon distribue en privé des « mauvais points » aux journalistes trop critiques à son goût et se méfie de la presse intellectuelle des grandes villes de l'Est, et ce non sans raison : le scandale du Watergate sera, en grande partie, révélé et attisé par le *Washington Post*.

Depuis l'après-guerre, la situation de la presse a énormément changé aux États-Unis. De nombreux titres disparaissent et les villes ne comptent tout au plus que deux ou trois journaux différents, appartenant souvent au même propriétaire. À Washington, subsistent deux quotidiens : le *Post* paraissant le matin et le *Star*, en kiosque le soir. Le premier est devenu, avec l'assimilation du *Times Herald* sous l'administration Kennedy, l'une des publications les plus influentes du pays. Lorsque le propriétaire Phil Graham (1915-1963) décède, sa femme Katharine (1917-2001) devient seul maître à bord et agrandit l'empire financier du quotidien en acquérant notamment un hebdomadaire, une chaîne de télévision et une station de radio. Tiré à 530 000 exemplaires la semaine et à 720 000 le week-end, le *Post*, du fait de son empire financier et de sa localisation géographique, est devenu une référence dans le monde de la presse. Indépendant et plutôt libéral, le journal compte une rédaction expérimentée menée par la poigne de Benjamin Bradlee (né en 1921).

Les journaux ont un rôle prépondérant dans le fonctionnement de la démocratie américaine, la liberté d'opinion et celle de la presse étant inscrites dans le premier amendement de la constitution. Ainsi, dans un pays où il n'existe pas de presse quotidienne nationale, les publications locales se concurrencent et sont à l'affût de tout scandale potentiel, portant une attention toute particulière aux méfaits des puissants.

RICHARD NIXON, HOMME D'ÉTAT AMÉRICAIN

Fils d'épicier, Richard Nixon devient le 37e président des États-Unis le 20 janvier 1969, succédant à Lyndon B. Johnson. Avant de remporter ces élections, le Californien a été représentant du 12e district de son État entre 1947 et 1950, puis sénateur du même État entre 1950 et 1953. Il est ensuite choisi par le Parti républicain pour être le colistier d'Eisehower (1890-1969) aux présidentielles de 1952, et devient donc son vice-président entre 1953 et 1961.

En mai 1960, il se présente sous la bannière républicaine, mais échoue de peu face à John Kennedy. Il récidive avec succès en 1968 où, en axant sa campagne sur le rétablissement de la loi et de l'ordre, il bat le démocrate Hubert Humphrey (1911-1978). À noter que ces élections ont ceci de particulier qu'un troisième candidat s'invite dans la bataille finale. Le gouverneur démocrate de l'Alabama, George Wallace (1919-1998) remporte 13,5 % des suffrages exprimés et 46 grands électeurs.

Après la réélection de 1972, le mandat de Richard Nixon est marqué par la guerre du Viêt Nam, par le début de la détente avec le bloc soviétique et par l'alunissage des astronautes Armstrong et Buzz Aldrin le 21 juillet 1969, événement fondateur pour les Américains qui efface la déconvenue subie en 1957 lorsque l'URSS était parvenue à mettre en orbite le premier Spoutnik. Le deuxième mandat de Nixon est écourté par l'affaire du Watergate, qui l'oblige à démissionner le 9 août 1974.

Gracié par le président Gerald Ford, Richard Nixon retourne à la vie civile. Après avoir reconnu qu'il avait « merdé » (AITKEN (Jonhatan), *Nixon : A Life*, Regnery Publishing, 1996, p. 546), il publie ses mémoires en 1978. À compter de cette date, la vie du 37e président des États-Unis oscille entre celle d'un paria, d'un conférencier reconnu et demandé, et d'un politicien apprécié par différents hommes d'État étrangers comme Deng Xiaoping (homme d'État chinois, 1904-1997).

Le 18 avril 1994, Richard Nixon est victime d'une crise cardiaque qui entraîne son décès quatre jours plus tard.

SAM ERVIN, HOMME POLITIQUE AMÉRICAIN

Originaire de Caroline du Nord, Sam Ervin est sénateur de son État de 1954 à 1974. Héros de la Première Guerre mondiale (1914-1918) pendant laquelle il combat en France, il obtient son diplôme de droit à l'université de Harvard en 1922. Il est élu représentant du comté de Burke en 1922, 1924 et 1930.

Son mandat de sénateur est marqué par son opposition à la législation des droits civiques, qui l'incite à se prononcer contre la décision de la Cour suprême d'abroger la ségrégation raciale dans les écoles publiques en 1956. Choisi par les démocrates pour présider le comité d'enquête sur le scandale du Watergate, il démissionne en décembre 1974, peu avant la fin de son mandat. Il reprend ensuite sa carrière de juriste et devient conseiller d'une firme d'avocats.

Il meurt à 88 ans des suites d'une maladie.

LE SCANDALE DU WATERGATE

LE CASSE DES « PLOMBIERS »

L'affaire du Watergate débute le 17 juin 1972, quand le bureau du Parti démocrate est forcé. Si la présence de cinq cambrioleurs dans le prestigieux immeuble du Watergate n'étonne pas les policiers, leur profil, par contre, s'avère inhabituel, et l'interrogatoire qui s'ensuit ajoute à la confusion. Les malfrats sont arrêtés avec le parfait attirail de l'apprenti espion : gants en caoutchouc, appareils photographiques, talkies-walkies, et équipement électronique nécessaire à la pose de micros font partie des pièces à conviction. Quatre des suspects sont originaires de Cuba et le cinquième, James McCord (né en 1924), appartient au Comité pour la réélection du président (CRP), une organisation mise en place par les alliés de Richard Nixon en vue des élections présidentielles de 1972. Plus surprenant encore, McCord est également un ancien agent de la CIA et du FBI ainsi qu'un colonel réserviste de l'armée de l'air. En outre, les agents qui mènent l'enquête trouvent sur ceux que l'on surnommera les « plombiers » (surnom qui leur a été donné à postériori parce qu'ils doivent colmater les fuites) une clé de chambre d'hôtel et, dans celle-ci, une importante somme d'argent ainsi qu'un carnet dans lequel figure le nom de Howard Hunt (1918-2007), un espion et auteur américain engagé à la Maison-Blanche. Ce qui au début passait pour un vulgaire cambriolage s'avère être une intrigue digne des plus grands romans policiers. Washington étant un district fédéral, c'est le FBI qui mène l'enquête.

À mesure que les jours passent, toutes les pistes remontent au CRP et à la Maison-Blanche. Le 28 juin 1972, un coup de théâtre se produit : Gordon Liddy (né en 1930) quitte son poste au CRP après avoir refusé de répondre aux agents du FBI. Aurait-il un lien avec l'affaire ? Le 8 juillet, c'est au tour de John M. Mitchell (1913-1988), un ancien procureur général, d'abandonner la présidence du comité. Les enquêteurs et l'opinion publique nagent en pleine confusion. Pourquoi les « plombiers » ont-ils forcé le bureau démocrate ? Pour y dissimuler des micros ? Qui est responsable de l'opération ? Quel est le degré de responsabilité du CRP et de ses leaders ? De son côté, Richard Nixon nie toute implication de la part de la Maison-Blanche.

Sans le travail acharné du *Washington Post* et de ses deux journalistes Carl Bernstein (né en 1944) et Bob Woodward (né en 1943), l'effraction du Watergate serait certainement restée une affaire floue relevant de procédés politiciens. Mais les deux reporters persévèrent, et leur obstination s'avère payante. Aidés par un informateur secret surnommé Deep Throat (« Gorge profonde »), ils dénichent des informations concernant le financement illégal du CRP, dont l'argent permet de défendre les cambrioleurs. Ils découvrent aussi que Donald Segretti (né en 1941), faisant partie du même comité, avait pour mission de saborder la campagne démocrate en rivalisant d'ingéniosité pour calomnier les leaders du parti rival. Le travail de Carl Bernstein et de Bob Woodward met en exergue les manipulations déloyales du Parti républicain dans la campagne présidentielle ainsi que le lien qui existe entre les cambrioleurs et les pontes du CRP que sont Howard Hunt et Gordon Liddy, qui ont tout planifié. Ce n'est qu'en 2005 que Deep Throat révélera son identité : l'énigmatique informateur n'était autre que W. Mark Felt (1913-2008), le numéro deux du FBI au moment des faits.

Si le *Washington Post* n'a pas tout découvert, le résultat de ses investigations est corroboré et complété par l'enquête minutieuse du FBI et la convocation de nombreux témoins devant le grand jury, qui permettra de faire la lumière sur certaines zones d'ombre. Durant toute l'affaire, la presse joue son rôle de relais à la perfection, tenant le public informé et évitant que le cambriolage soit trop rapidement oublié. Ainsi, face à l'accumulation de preuves, les acteurs du casse prennent peur et commencent à parler. Vient alors le moment des aveux.

L'HEURE DES RÉVÉLATIONS

Malgré le discrédit jeté sur les méthodes du Parti républicain, l'affaire n'éclabousse pas encore Richard Nixon qui est réélu haut la main (61 % des suffrages exprimés) face au démocrate George McGovern. Le Congrès, cependant, n'est pas majoritairement républicain, prouvant au passage que les États-Unis, au début des années soixante-dix, sont plus « nixoniens » que véritablement républicains.

Nixon se laisse d'ailleurs aveugler par sa réélection et pense que l'histoire du Watergate s'estompera sous le coup de sa victoire. Mais le 8 janvier 1973 s'ouvre le procès des sept inculpés sous la présidence du juge John Sirica (1904-1992), connu pour sa sévérité. Howard Hunt et les quatre Américano-Cubains plaident coupables, évitant un procès devant un jury. James McCord et Gordon Liddy se retrouvent donc seuls face au tribunal. Si le second reste un modèle de mutisme durant tout le procès, le premier est beaucoup plus bavard. Il avoue avoir subi des pressions le contraignant au silence et affirme que le conseiller juridique du président, John W. Dean (né en 1938), était au courant de l'opération du Watergate.

Si le procès prend fin le 2 février, il faudra attendre le 23 mars pour que la sentence soit connue. Mais, entre-temps, le Congrès se mêle de l'affaire et confie au sénateur de Caroline du Nord, Sam Ervin, le soin de mener une commission spéciale d'enquête sur la campagne présidentielle.

En parallèle, Richard Nixon doit nommer un nouveau directeur du FBI suite au décès de J. Edgar Hoover (1885-1972). C'est Patrick Gray (1916-2005) qui est désigné, mais avant d'obtenir le poste, il doit recevoir l'aval du Sénat, qui en profite pour lui poser des questions. Ainsi, il apprend que la Maison-Blanche a exigé du FBI que l'un de ses hommes, John W. Dean, surveille l'enquête des agents fédéraux et qu'il aurait, de plus, menti sur certains points. Patrick Gray ne sort pas pour autant grandi de ces révélations et Richard Nixon lui retire son soutien. Dans le même temps, l'opinion publique apprend l'existence de cette équipe spéciale, surnommée les « plombiers », qui a été mise en place par Howard Hunt et Gordon Liddy, dont le Watergate n'est pas le premier exploit. On découvre qu'ils ont notamment fouillé le bureau du psychiatre Daniel Ellsberg, l'homme de l'affaire des Papiers du Pentagone. Suite à ces annonces, des rumeurs circulent quant à la démission prochaine de John W. Dean, mais ce dernier refuse d'être le bouc émissaire de l'affaire.

En avril 1973, il ne fait aucun doute que la Maison-Blanche est impliquée dans le scandale, mais jusqu'à quel échelon ? C'est là une autre histoire. Sentant l'étau se resserrer autour de lui, Richard Nixon est obligé de réagir pour éloigner les soupçons. Le 30 avril, il annonce la démission de John W. Dean et de ses deux plus proches collaborateurs, John Ehrlichman et Robert Haldeman. Par cette action, Richard Nixon tente de se dédouaner en faisant peser la culpabilité de cette affaire sur le dos de ces trois hommes.

LES ENREGISTREMENTS DE NIXON

La commission Ervin entame ses travaux le 17 mai 1973. Dès le lendemain, Elliot L. Richardson (1920-1999), le nouveau procureur général, nomme au poste de procureur spécial Archibald Cox (1912-2004), professeur de droit à Harvard et ancien numéro trois du département de la Justice sous l'administration Kennedy.

Les débats sont retransmis à la télévision. Si les témoins, inconnus pour la plupart du grand public, défilent devant la commission, le premier grand événement est la déposition de John W. Dean, le 25 juin 1973. Ce dernier mentionne de nombreuses compromissions de la part des républicains et incrimine même directement le président Nixon ainsi que son conseiller spécial Charles Colson (1931-2012). Cependant, il ne communique que très peu de documents et son témoignage est perçu comme celui d'un ancien collaborateur aigri. Richard Nixon se voit accorder un instant de répit ; il ne sera que de courte durée.

Le 13 juillet 1973, comparaît Alexander Butterfield (né en 1926), l'ancien adjoint de Robert Haldeman, qui, au détour d'une question, révèle que Richard Nixon enregistre tous ses entretiens à l'insu de ses interlocuteurs, faisant naître la stupeur de la commission et de l'opinion publique. Ces révélations portent atteinte à la popularité du président, dont la côte est en chute libre dans les sondages ; les conférences de presse, quant à elles, sont de plus en plus tendues.

De son côté, la commission réclame les bandes magnétiques à la Maison-Blanche afin de savoir si Richard Nixon avait connaissance des agissements du CRP. Mais le président refuse de les livrer, arguant que l'exécutif n'a aucune obligation envers le législatif quand il s'agit de documents confidentiels. Archibald Cox et Sam Ervin saisissent alors les tribunaux. Le juge John Sirica oblige la Maison-Blanche à transmettre les bandes le 19 octobre 1973. Le président propose alors un marché : si le juge accepte qu'il ne transmette que les transcriptions des enregistrements, il ne saisira pas la Cour suprême.

LE MASSACRE DU SAMEDI SOIR

Archibald Cox refuse le compromis proposé par le président et le fait savoir le samedi 20 octobre lors d'une conférence de presse. Furieux, Nixon demande à Elliot L. Richardson de renvoyer le procureur spécial. Ce dernier refuse et démissionne dans la foulée pour appuyer son propos. Le président se tourne alors vers l'adjoint de Richardson, William Ruckelshaus (né en 1932), qui refuse et quitte à son tour ses fonctions. Le président fait la même demande à Robert Bork (1927-2012), le numéro trois du département de la Justice, qui accepte, quant à lui, de destituer Archibald Cox.

Les médias s'emparent de l'événement, aussitôt surnommé « le massacre du samedi soir », faisant naître la colère du peuple qui n'accepte pas ce coup de force de l'exécutif. Les bandes magnétiques sont au cœur du scandale et nul ne doute que toutes les réponses s'y trouvent. Désormais, aux yeux de l'opinion publique, Nixon est un véritable tyran.

Au même moment, le vice-président, Spiro Agnew (1918-1996), démissionne de son poste pour des raisons peu nobles. Ancien gouverneur du Maryland, il aurait été soudoyé par des entreprises de travaux publics. Révélée par le *Wall Street Journal*, l'affaire prend de plus en plus d'importance, l'obligeant à démissionner. Richard Nixon voit là l'occasion de détourner l'attention de l'opinion publique, mais c'est peine perdue : pour les Américains, c'est toute l'administration Nixon qui est corrompue. La fin de Spiro Agnew ne sera donc qu'un prélude à celle, inéluctable, de Richard Nixon.

LA FIN DE NIXON

Suite au massacre du samedi soir, 84 membres de la Chambre signent une motion d'*impeachment* transmise ensuite à la Commission des affaires judiciaires présidée par le démocrate Peter W. Rodino (1909-2005). La commission, qui bénéficie d'un million de dollars pour mener l'enquête, s'entoure d'experts et d'avocats, et retient six domaines d'accusation, relatifs à l'ensemble du mandat de Nixon :

- l'effraction du Watergate et le financement des avocats des inculpés ;
- la campagne électorale de 1972 et les abus commis par le Parti républicain ;
- le programme de surveillance des « plombiers » ;
- les revenus du président, qui aurait détourné dix millions de dollars pour financer ses résidences secondaires ;
- l'utilisation d'agences d'État pour rendre service aux généreux donateurs de la campagne de Richard Nixon ;
- le bombardement du Cambodge (1969-1973), qui a eu lieu sans l'aval préalable du Congrès, ainsi que le démantèlement illégal de l'*Office of Economic Opportunity*.

Excepté pour le sixième point d'accusation, les bandes magnétiques sont au cœur du débat. Richard Nixon fournit à Leon Jaworski (1905-1982), le nouveau procureur spécial, les neuf bandes promises.

Mais sur les neuf conversations, deux n'ont pas été enregistrées. De plus, 18 minutes ont été effacées manuellement de la conversation du 20 juin 1972, la plus importante d'entre toutes. Si la secrétaire particulière du président se dévoue pour porter la responsabilité de la destruction des bandes, personne n'est dupe et la presse pointe du doigt une tentative désespérée du président pour masquer la vérité.

Le 30 avril 1974, Richard Nixon tente une nouvelle manœuvre pour s'en sortir. Il apparaît à la télévision et annonce que la Maison-Blanche a retranscrit les 46 conversations sur le Watergate. Ce qui est censé être une diversion s'avère en fait être une très mauvaise idée. Les retranscriptions des bandes s'étant faites dans la panique, certains passages sont volontairement coupés, mais d'autres laissent transparaître un aspect peu reluisant de la personnalité de Nixon, faisant encore plus baisser sa côte de popularité.

Le 24 juillet 1974, la Cour suprême donne raison à la commission d'enquête. Comme, quatre de ses membres ont été nommés par Richard Nixon, on pourrait s'attendre à une certaine complaisance de la part du juge en chef Warren Burger et de ses hommes à l'égard du président, mais il n'en est rien. Le 5 août 1974, la Maison-Blanche livre les bandes des conversations ayant eu lieu le 23 juin 1972 entre Richard Nixon et Robert Haldeman. Il apparaît alors clairement que le Californien a tout fait pour ralentir l'enquête du FBI. Acculé de toutes parts, il annonce le 8 août 1974 qu'il démissionnera le lendemain. Le 9 août, le vice-président Gérald Ford prête serment et devient le 38e président des États-Unis.

RÉPERCUSSIONS

LA GRÂCE PRÉSIDENTIELLE

La démission de Nixon marque l'arrivée d'un nouveau locataire à la Maison-Blanche, Gerald Ford, qui doit rapidement statuer sur la peine de son prédécesseur. Le 8 septembre 1974, il prend une décision très impopulaire. Alors que l'opinion publique veut que Richard Nixon soit traîné devant les tribunaux, le nouveau président décide de le gracier, ce qui coupe court à toute action en justice. En échange, il demande à Nixon de rédiger un texte dans lequel il présenterait ses excuses, tout en reconnaissant les faits. Si celui-ci refuse, le nouveau président accepte malgré tout de l'amnistier.

UNE NOUVELLE IDÉE DE LA POLITIQUE

Le scandale du Watergate a pour effet de changer la manière qu'ont les Américains d'appréhender la politique. Couplée à la fin de la guerre du Viêt Nam et à la crise économique, cette affaire accélère le passage de l'Amérique dans un nouveau monde, plus individualiste et empli de doutes.

Aucun changement notoire n'est toutefois visible en politique. Le bipartisme reste le modèle qui prédomine, malgré la méfiance grandissante de la population envers les démocrates et les républicains, incapables de trouver de nouvelles idées pour moderniser le pays et qui sont désormais perçus comme des machines électorales sans cohérence ni consistance. Pour trouver des nouveautés, il faut se tourner vers les petits partis, qui sont légion à cette époque. Mais, si les Américains leur trouvent un certain attrait, ils ne le leur accordent pas pour autant leur voix.

Cette période est aussi celle du renforcement des groupes de pression ou lobbies. Qu'ils soient religieux, ethniques, professionnels, géographiques ou encore idéologiques, ces associations arrivent à faire consensus grâce à l'homogénéité de leurs membres et à l'idée du bien commun qui les guide. Ainsi, on voit des régions ou des États s'opposer afin de défendre leurs intérêts. Cet antagonisme se retrouve aussi à l'intérieur d'un même État, où des communautés se livrent bataille.

Le manque de confiance en la classe politique a accéléré ce processus qui scinde le pays et le fait entrer dans une logique d'intérêts catégoriels, ce que le secrétaire de l'Énergie sous Jimmy Carter (né en 1924), James Schlesinger (1929-2014), dénonce sous le terme de « balkanisation » des États-Unis.

BOULEVERSEMENTS POLITIQUES

On assiste, depuis une quarantaine d'années, à un renforcement du pouvoir des présidents américains au détriment du Congrès, les présidents devenant en quelque sorte des monarques absolus – un comble dans un pays qui ne jure que par la démocratie et dont on connaît la défiance à l'égard du pouvoir fédéral. Si Richard Nixon a, semble-t-il, été plus loin que ses prédécesseurs, peut-être est-ce seulement parce que ses malversations ont été découvertes et qu'il a souvent considéré qu'il était légitime de contourner les lois et la Constitution en vertu du pouvoir qu'il détenait.

Les méfaits de Richard Nixon mettent donc fin à ce qu'Arthur M. Schlesinger (historien américain, 1917-2007) qualifie de « présidence impériale ». Suite à l'affaire, la Maison-Blanche perd de sa splendeur aux yeux et dans le cœur des Américains et ne figure désormais plus qu'à la dernière place d'une liste comptabilisant 22 institutions, et, durant la seconde moitié des années soixante-dix, seuls 18 % de la population affirme lui faire confiance.

Le Congrès cherche alors à reprendre les choses en main. Dès 1973, il vote le *War Powers Act*, une loi qui limite le pouvoir du président quant aux interventions militaires. Il renforce aussi son contrôle budgétaire : désormais, le président ne peut plus pratiquer le gel des crédits votés, comme l'a fait Nixon pour l'*Office of Economic Opportunity*. Est votée aussi dès 1971 une loi visant à restreindre les dérives financières constatées lors des dernières élections. Différents amendements viennent compléter ce texte durant la décennie. Mais le Congrès ne devient pas plus puissant pour autant, et la multiplication de sous-commissions, qui crée des doublons, amène des législateurs inexpérimentés à statuer dans des conditions chaotiques et absconses.

On pourrait imaginer que le scandale du Watergate entraîne le renouveau des idées libérales dans la mesure où il sanctionne Richard Nixon alors qu'il est à l'acmé de sa politique conservatrice. Sur le long terme, il n'en est rien. Certes, les démocrates investissent le Congrès dans des proportions importantes aux élections de 1974, et en 1976, le gouverneur de Géorgie, Jimmy Carter, entre à la Maison-Blanche, mais cela ne dure que quatre ans. Ronald Reagan (1911-2004), chantre de l'ultra-conservatisme, régnera sur les années quatre-vingt. Cet ancien acteur de cinéma cristallise le changement qui s'opère au sein des républicains. Les modérés sont rapidement écrasés par de nouvelles personnalités conservatrices, comme George H. W. Bush (né en 1924), Donald Rumsfeld (né en 1932) ou encore Dick Cheney (né en 1941).

LE *MONICAGATE*

Le scandale du Watergate a persuadé l'opinion publique que le délit le plus grave pour un président est le mensonge. De l'image d'un président omnipotent, l'on est passé à celle d'un président irréprochable et vertueux. Près de 30 ans après les frasques de

Richard Nixon, cette idée reste fermement ancrée dans la culture américaine. Ainsi, en 1998, le président démocrate Bill Clinton (né en 1946) se voit menacé par une mesure d'*impeachment* – bloquée par le Sénat – lorsqu'il ment sous serment à propos des relations sexuelles entretenues avec une stagiaire de la Maison-Blanche, Monica Lewinsky (né en 1973).

EN RÉSUMÉ

1968	Élection de Richard Nixon à la présidence des États-Unis
17 juin 1972	Arrestation de cinq plombiers dans l'immeuble du Watergate
7 nov. 1972	Réélection de Nixon
30 avril 1973	Début du procès des inculpés
20 oct. 1973	Massacre du samedi soir
30 avril 1974	Publication d'un rapport où sont retranscrites les conversations sur le Watergate
9 août 1974	Démission de Richard Nixon et prestation de serment de Gerald Ford

- Le 17 juin 1972, la police arrête cinq personnes dans l'immeuble du Watergate. Les « plombiers », car tel est leur surnom, ont l'air d'espions confirmés venus placer des micros au siège du Parti démocrate plutôt que de simples cambrioleurs. Rapidement, l'enquête mène au Comité pour la réélection du président (CRP) ainsi qu'à Howard Hunt et à Gordon Liddy, deux membres éminents du CRP.

- Le *Washington Post* révèle que le CRP a mis en place un réseau d'espionnage de grande envergure et que le Watergate n'est pas leur première œuvre.

- Cela n'affecte pas la popularité de Richard Nixon qui, le 7 novembre 1972, est réélu à la présidence des États-Unis.

- Le 30 avril 1973, le procès des inculpés débute, présidé par le juge Sirica. On y apprend que des pontes de la Maison-Blanche sont impliqués dans le casse du Watergate. Sentant l'étau se resserrer autour de lui, Richard Nixon fait démissionner trois de ses plus proches collaborateurs, John W. Dean, John Ehrlichman et Robert Haldeman.

- Le 16 juillet 1973, face à la commission du sénateur Ervin, un collaborateur de Robert Haldeman avoue que Richard Nixon enregistre tous ses entretiens à l'insu de ses interlocuteurs. Pour l'opinion publique et la commission, c'est la consternation.

- Suite à un interminable imbroglio concernant les bandes magnétiques du président qui pourraient faire la lumière sur l'affaire, le procureur spécial Archibald Cox ainsi qu'Elliot L. Richardson et William Ruckelshaus sont forcés de quitter leurs postes. Les journaux s'empressent de surnommer cette soirée du 20 octobre 1973 le « massacre du samedi soir ».

- La Chambre des représentants autorise de façon quasi unanime la commission des Affaires judiciaires à faire un rapport sur une procédure d'*impeachment* concernant Richard Nixon.

- La Maison-Blanche publie, le 30 avril 1974, un rapport où sont retranscrites les conversations de Richard Nixon, mais cela n'est pas suffisant pour calmer l'opinion publique ni Leon Jaworski, le nouveau procureur spécial.

- Au fil des mois, Richard Nixon, acculé, ne peut se soustraire à la livraison des bandes magnétiques et finit par démissionner le 9 août 1974. Son successeur, Gerald Ford, choisit toutefois de le gracier.

POUR ALLER PLUS LOIN

SOURCES BIBLIOGRAPHIQUES

- AITKEN (Jonhatan), *Nixon : A Life*, Washington, Regnery Publishing, 1996.
- BERNSTEIN (Carl) et WOODWARD (Bob), *Les fous du président*, Paris, Gallimard, 2005.
- COPPOLANI (Antoine), *Richard Nixon*, Paris, Fayard, 2013.
- DURANDIN (Catherine), *Nixon, le président maudit*, Paris, Grancher, 2001.
- KASPI (André), *Le Watergate*, Bruxelles, Éditions Complexe, 1983.
- KASPI (André), *Les Américains. Les États-Unis de 1945 à nos jours*, Paris, Seuil, 1986.
- KROES (Claude), *Watergate : série noire pour la Maison-Blanche*, Paris, Éditions Sociales, 1974.
- McCARTHY (Mary), *Le Watergate : la tragédie de l'Amérique*, Paris, Gallimard, 1974.
- MÉLANDRI (Pierre), *Histoire des États-Unis. Le déclin ?*, t. 1, Paris, Perrin, 2008.
- MOISY (Claude), *Nixon et le Watergate : la chute d'un président*, Paris, Hachette, 1994.
- ZOLLER (Elisabeth), *De Nixon à Clinton : malentendus juridiques transatlantiques*, Paris, Presses universitaires de France, 1999.

FILMS

- *Les Hommes du président*, film d'Alan J. Pakula, avec Dustin Hoffman, Robert Redford et Jack Warden, États-Unis, 1976.
- *Nixon*, film d'Oliver Stone, avec Anthony Hopkins, Joan Allen et Ed Harris, États-Unis, 1995.

- *Frost/Nixon*, film de Ron Howard, avec Kevin Bacon, Frank Langella et Michael Sheen, États-Unis, Grande-Bretagne et France, en 2008.

50MINUTES
Art & Littérature
Business & Econom
Histoire & Société
Gestion & Marketing | numéro 9
LA PYRAMIDE DES BESOINS
DE MASLOW
Pourquoi faut-il comprendre
les besoins du client ?
Grandes Batailles | numéro 26
LA GUERRE
DU KIPPOUR
Le conflit à l'origine du premier
choc pétrolier
LE CARAVAGE

www.50minutes.com

Éditeur responsable : Lemaitre Publishing
Rue Lemaitre 4 | BE-5000 Namur
info@lemaitre-editions.com

ISBN ebook : 978-2-8062-5938-7
ISBN papier : 978-2-8062-5939-4
Dépôt légal : D/2015/12603/129
Photo de couverture : © Jordon Kalilich.

Conception numérique : Primento,
le partenaire numérique des éditeurs